KAZÉ
SHŌNEN
UP!

5

Kazue Kato

BLUE EXORCIST

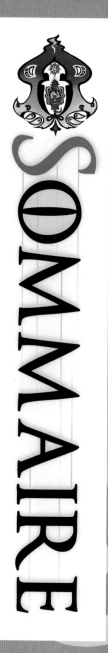

SOMMAIRE

ɪꜱʙɴ : 978-2-82030-122-2

Fils de Satan, il s'est juré de devenir exorciste pour venger la mort de Shirô Fujimoto, son père adoptif. Actuellement en première année à l'Académie de la Croix-Vraie, il vient de passer aspirant exorciste et ambitionne d'acquérir la qualification de "paladin". Pour se battre, il dispose du sabre Kômaken qui, lorsqu'il le tire de son fourreau, libère les flammes bleues, pouvoir démoniaque qu'il tient de son géniteur.

PERSONNAGES PRINCIPAUX

Frère cadet de Rin, il souhaite devenir médecin. Plus jeune professeur de toute l'histoire de l'Académie de la Croix-Vraie, il enseigne la pharmacologie anti-démons aux apprentis exorcistes. Il possède les titres de "soigneur" et de "dragon".

Fille de la patronne de l boutique "Futsumaya où s'approvisionnent le exorcistes. Prise d'adm ration pour Rin et Yuki elle s'est inscrite à l'Ac démie. Ses talents "dresseuse" lui permette d'invoquer un petit gree man.

RYÛJI SUGURO

Descendant d'une longue lignée de prêtres bouddhistes de Kyôto, ce sont les événements de la fameuse "nuit bleue" qui l'ont conduit à vouloir devenir exorciste. Actuellement aspirant, il ambitionne d'acquérir les qualifications de "dragon" et d'"aria".

RENZÔ SHIMA

Disciple du père de Ryûji, il souhaite devenir "aria". De tempérament fantasque, c'est un grand coureur de jupons.

IZUMO KAMIKI

Aspirante exorciste issue d'une lignée de miko. Ses dons de "dresseuse" lui permettent d'invoquer simultanément deux renards blancs. Son amie Paku ayant quitté l'Académie, elle suit les cours un peu en solitaire.

KONEKOMARU MIWA

Tout comme Renzô, il est le disciple du père de Ryûji et souhaite lui aussi devenir "aria". De petit gabarit, il est de tempérament posé.

Proviseur de l'Académie de la Croix-Vraie et directeur des cours de formation des exorcistes. Ami du père Fujimoto, il est à présent le garant de Rin et de Yukio. Son comportement suspect laisse planer quelques doutes quant à ses véritables intentions...

Exorciste de niveau supérieur 1, elle a été envoyée à l'Académie de la Croix-Vraie par le siège du Vatican. Elle dispose des qualifications de "paladin", "dresseur", "soigneur" et "aria". Ancienne disciple du père Fujimoto, elle avait été chargée par celui-ci d'enseigner à Rin le maniement du sabre.

Caith sith familier de Shirô, son versant démoniaque commençait à reprendre le dessus suite à la disparition de son maître, il a été sauvé in extremis par Rin qu'il ne quitte plus depuis. Il raffole de la liqueur de matatabi que lui préparait Shirô.

Père adoptif de Rin et Yukio, il officiait à l'Église de la Croix-Vraie. Détenteur du titre de "Saint Paladin", il enseignait autrefois la pharmacologie anti-démons aux élèves de l'école d'exorcisme. Possédé par Satan, il a sacrifié sa vie afin de protéger Rin.

RÉSUMÉ DES ÉVÉNEMENTS

Rin Okumura est le fils de Satan, mais il ne l'apprend que le jour où son diabolique géniteur surgit devant lui pour l'entraîner dans son monde, la Géhenne. Rin est alors sauvé de justesse par son père adoptif, Shirô Fujimoto, qui, hélas, perd la vie dans la bataille.

Frustré d'avoir été totalement vulnérable et impuissant, Rin se jure de devenir exorciste pour combattre les forces démoniaques et, un jour, vaincre son père ! C'est ainsi qu'il entre à l'Académie de la Croix-Vraie, un établissement spécialisé où il entame son apprentissage sous la houlette de Yukio, son frère jumeau.

À l'orée des vacances d'été, les exorcistes aspirants se rendent à un camp d'entraînement destiné à établir leur aptitude à prendre part à des missions réelles. Au cours de cet exercice, Rin prend conscience de l'importance d'avoir des compagnons auprès de soi et réalise que ses flammes peuvent servir le bien commun.

Les choses se gâtent, hélas, lorsque surgit Amaimon.

Rin n'hésite pas une seconde à mettre son pouvoir en action pour défendre ses amis en péril, et grâce à l'intervention de Méphisto, l'incident se clôt sans trop de heurts... Mais à présent que le secret des origines de Rin a éclaté au grand jour, Méphisto est assigné en conseil de discipline. Il dévoile alors que si Shirô et lui-même ont choisi d'élever Rin en cachette, c'est pour en faire une arme capable de vaincre Satan.

Rin est provisoirement mis hors de cause, à la condition qu'il obtienne le titre d'exorciste lors de l'examen qui aura lieu dans six mois. Tandis qu'il s'entraîne à maîtriser ses flammes sous la supervision de Shura, Yukio reçoit un appel de mobilisation immédiate...

16E ÉPISODE
PRÉLUDE

LE PÉRIMÈTRE EST FERMÉ POUR DES RAISONS DE SÉCURITÉ !

VILLE-CAMPUS DE LA CROIX-VRAIE
VIEUX QUARTIER POPULAIRE DE LA CROIX DU NORD

VEUILLEZ VOUS ÉLOIGNER !

...

BON !

EN PISTE !

PFFF... C'TE CHALEUR... JE SERAIS MIEUX AU FRAIS, MOI ...

EH BEN DIS DONC ...

Y EN A DES BADAUDS ...

YUKIO, TE VOILÀ. VAS-Y, PASSE.

AH !

EXCUSEZ-MOI !

ET SHURA KIRIGAKURE, NAVRÉE D'ARRIVER EN SUEUR !

YUKIO OKUMURA. NAVRÉ D'ARRIVER EN RETARD.

PFFF !

PFFF !

!

QUI, MOI ? HÉ HÉ HÉ !

ET... EUH... QUI VOUS ACCOMPAGNE ?

PAS TROP LE CHOIX, QUOI.

BWOAF... JE COMPRENDS VOTRE INQUIÉTUDE...

LE... LE FAMEUX ?! VOUS ÊTES SÛRS QUE ÇA NE RISQUE RIEN ?

MAIS VOUS EN FAITES PAS, JE LE GARDE À L'ŒIL, DÉCISION JUDICIAIRE.

...

OUAH !

RIN OKUMURA, ASPIRANT !

ET J'VAIS VOUS EN METTRE PLEIN LES MIRETTES !

PUIT

15

N... NOUS IGNORONS COMMENT IL S'Y EST PRIS, MAIS LE FAIT EST QUE L'INTRUS A RÉUSSI SON COUP.

LES ENTRAILLES DE L'ACADÉMIE SONT POURTANT PROTÉGÉES PAR UNE BARRIÈRE MAGIQUE EXTRÊMEMENT PUISSANTE !

?

COMMENT EST-CE POSSIBLE ?

GNAH ?

?!!

MAIS IL A RÉUSSI À PRENDRE UN ENFANT EN OTAGE, ET...

N... NON !!!

J'AI DU ACCULER L'HOMME MASQUÉ ICI, À LA CROIX DU NORD...

À LA TÊTE D'UNE ÉQUIPE COMPOSÉE DE MES MEILLEURS ÉLÉMENTS...

GNN !

GWAAAH !

ZWASH

!!!!

IL FAUT QUE VOUS LE SAUVIEZ !

MON FILS... MON PETIT SATORU... QUE VA-T-IL DEVENIR ?!

IRK

KOF !

VOUS ÊTES LA MAMAN DU PETIT ?

ON VA VOUS LE RAMENER EN MOINS DE DEUX, VOTRE FISTON !

VOUS BILEZ PAS. MAINTENANT QU'ON EST LÀ, TOUT ROULE !

QU'EST-CE QUE...

?!

ET TOI, ARRÊTE UN PEU D'ÊTRE TOUJOURS DÉFAITISTE !

ON NE PEUT PAS TOUJOURS LES SAUVER.

ESPÈCE DE GROS TROUILLARD !!!

ALORS, NE PROMETS JAMAIS RIEN !

TOI, LA VACHE LAITIÈRE, LÂCHE-MOI !

C'EST FINI, ON S'EN VA !

ALLONS, ALLONS, ALLONS.

JE TIENS À VOUS ACCOMPAGNER...

MONSIEUR TÔDÔ ?!

FLIP

EUH...

MONSIEUR OKUMURA...

FLIP

EN TANT QUE RESPONSABLE, C'EST MON DEVOIR...

OUI, JE SUIS VACCINÉ.

VOTRE ÉTAT LE PERMET-IL ?

MONSIEUR TÔDÔ, PLACEZ-VOUS AU CENTRE.

JE MARCHE EN TÊTE.

LES DEUX AUTRES FERMERONT LA MARCHE.

C'EST D'ACCORD.

ENTENDU !

B... BIEN.

ALLONS-Y.

*ORDRE DES CHEVALIERS DE LA CROIX-VRAIE.

PAR ICI.

VOUS-MÊME, JE CROIS, ÊTES ISSU D'UNE PRESTIGIEUSE LIGNÉE.

LA FAMILLE TÔDÔ EST IMPLIQUÉE DANS LA GESTION DES "ENTRAILLES" DEPUIS DES GÉNÉRATIONS.

ÉVIDEMMENT, VOUS AVEZ DES ORIGINES PARTICULIÈRES MAIS J'AI ENTENDU DIRE ...

QUE VOUS ÉTIEZ REMARQUABLEMENT APTE POUR VOTRE ÂGE.

CE... ÇA REMONTE À TRÈS LOIN ...

POURRIEZ-VOUS ÉCLAIRER MA LANTERNE ?

À MA GRANDE HONTE, JE NE SUIS GUÈRE RENSEIGNÉ SUR CETTE PARTIE DE L'ACADÉMIE, ENCORE MOINS SUR CET "ŒIL GAUCHE DU FUJÔ-Ô".

IL Y A PLUS DE CENT CINQUANTE ANS, À LA FIN DE L'ÉPOQUE D'EDO, LE FUJÔ-Ô, UN EFFROYABLE DÉMON, PROVOQUA PLUS DE 40 000 MORTS EN RÉPANDANT DES ÉPIDÉMIES ET UNE FIÈVRE FOUDROYANTE.

APRÈS AVOIR ÉTÉ OCCIS, SES YEUX LUI FURENT ARRACHÉS.

PUISQUE VOUS AVEZ PARLÉ DU "GAUCHE", JE SUPPOSE QUE LE "DROIT" EXISTE AUSSI ?

EN EFFET...

OR, CES "YEUX" CONTINUENT À RÉPANDRE DE PUISSANTS MIASMES.

HM... JE VOIS...

ET LE PIAF, IL SERT À QUOI ?

MAIS IL EST NIMBÉ DE SECRET.

SEULS M. PHÉLÈS ET UNE POIGNÉE DE PERSONNES SAVENT OÙ IL EST CONSERVÉ.

EH BEN...

...

IL NOUS SERA DONC D'UNE GRANDE AIDE POUR LOCALISER "L'ŒIL"...

MAIS IL S'ARRÊTE AUSSITÔT QU'IL DÉTECTE DES MIASMES.

AH.

C'EST UN SIMILI-CANARI... IL SIFFLE EN PERMANENCE...

TAP TAP

25

ET SURTOUT, PAS D'INITIATIVES !

PIIKK

TWIIIT TWIIIT

D'ACCORD... TU T'OCCUPES DU CANARI, MAIS C'EST TOUT, POINT.

ÇA SIGNIFIE QUE NOTRE LARRON DOIT ÊTRE DANS LES PARAGES.

TIENS ? IL S'EST ARRÊTÉ DE GAZOUILLER.

LE VOILÀ !

!!

!

32

...

VOUS N'ÊTES QU'UN FAIBLE ...

QUI A CÉDÉ À LA TENTATION DU MAL.

C'EST COMME SI QUELQUE CHOSE QUI ÉTAIT BRISÉ EN MOI S'ÉTAIT SOUDAIN RECOLLÉ.

GRAND BIEN M'EN A FAIT.

TU N'IMAGINES PAS LE SOULAGEMENT QUE ÇA A ÉTÉ.

MAIS CHACUN A UNE PART DE FAIBLESSE EN LUI, MON AMI.

EST-CE QUE ÇA TE FERAIT PEUR DE LE RECONNAÎTRE ?

BI BI BIP

OUIN, MON PAUVRE DOS...

JE VAIS DEVOIR TE LAISSER.

?!

BIEN, ON DIRAIT QU'IL EST L'HEURE.

FUT UN VÉRITABLE PLAISIR.

CETTE PETITE ENTREVUE INOPINÉE AVEC TON FRÈRE ET TOI ...

QUE...

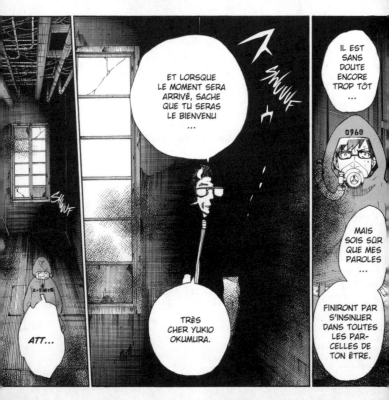

ET LORSQUE LE MOMENT SERA ARRIVÉ, SACHE QUE TU SERAS LE BIENVENU ...

SHUUUF

TRÈS CHER YUKIO OKUMURA.

ATT...

IL EST SANS DOUTE ENCORE TROP TÔT ...

MAIS SOIS SÛR QUE MES PAROLES ...

FINIRONT PAR S'INSINUER DANS TOUTES LES PARCELLES DE TON ÊTRE.

CE N'EST PAS LE MOMENT DE RESTER PÉTRIFIÉ ...

JE DOIS ME RESSAISIR ...

AH...

HAA !

HAA !

HAA !

40

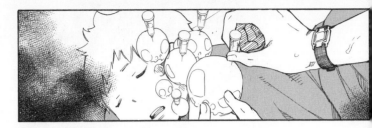

MERCI
...

MERCI
INFINIMENT
!

JE VOUS
EN PRIE
...

EXCELLENT
TRAVAIL,
MONSIEUR
OKUMURA.

ENTENDU...

VOUS QUI VOUS ÊTES TROUVÉ DIRECTEMENT À SON CONTACT, VOUS ÊTES TOUT DÉSIGNÉ.

NOUS IGNORONS À QUI PRÉCISÉMENT NOUS AVONS AFFAIRE.

D'AUTANT PLUS QUE VOUS ÊTES L'UN DE NOS MEILLEURS ÉLÉMENTS.

JE TE CONFIE RIN.

BON, SHURA...

NO PRO-BLEMO.

RENDEZ-VOUS DANS UNE HEURE AU Q.G.

BIEN. DANS CE CAS...

KEEP OUT

TSS !

C'EST DINGUE CE QU'IL PEUT ÊTRE VIEUX AVANT L'HEURE, TON FRANGIN.

JE LUI DONNE PAS LONG-TEMPS AVANT DE PERDRE SES TIFS.

...

47

RYÛJI...
TU AS CONTACTÉ TES PARENTS ?

NAN.

MAIS...

MA FAMILLE S'OPPOSAIT À CE QUE JE VIENNE ÉTUDIER ICI...

ALORS QUAND JE SUIS PARTI, J'AI COUPÉ LES PONTS, ET ÇA ME VA TRÈS BIEN COMME ÇA !

POINT BARRE !

C'EST PEUT-ÊTRE PAS QUE TON PÈRE QUI EST CONCERNÉ...

PAREIL POUR MOI.

J'ARRIVE PAS À JOINDRE MES PARENTS DEPUIS HIER, MOI.

ON SAIT TOUT ÇA, RYÛJI, MAIS LÀ... J'AI COMME UN MAUVAIS PRESSENTIMENT.

SALOPARD !!! T'AS JUSTE UN TOUT PETIT PEU D'AVANCE SUR MOI, ALORS TE LA RACONTE PAS TROP, PARCE QUE J'AURAI VITE FAIT DE TE RATTRAPER !

FAIS QUAND MÊME DE TON MIEUX, ET BON COURAGE.

GRRR GRRR

EH BEN, Y A PAS BEAUCOUP DE PROGRÈS, ON DIRAIT.

YO !

WHAP

ARGH !

SHURA !

HEIN ?! SANS DÉC' ?!

LAISSE TOMBER, JE SAIS TRÈS BIEN QUE TU VIENS LÀ TOUS LES MATINS.

OH HISSE !

MOI QUI VOULAIS M'ENTRAÎNER EN DOUCE...

ZUT !

TU M'AS RETROUVÉ !

56

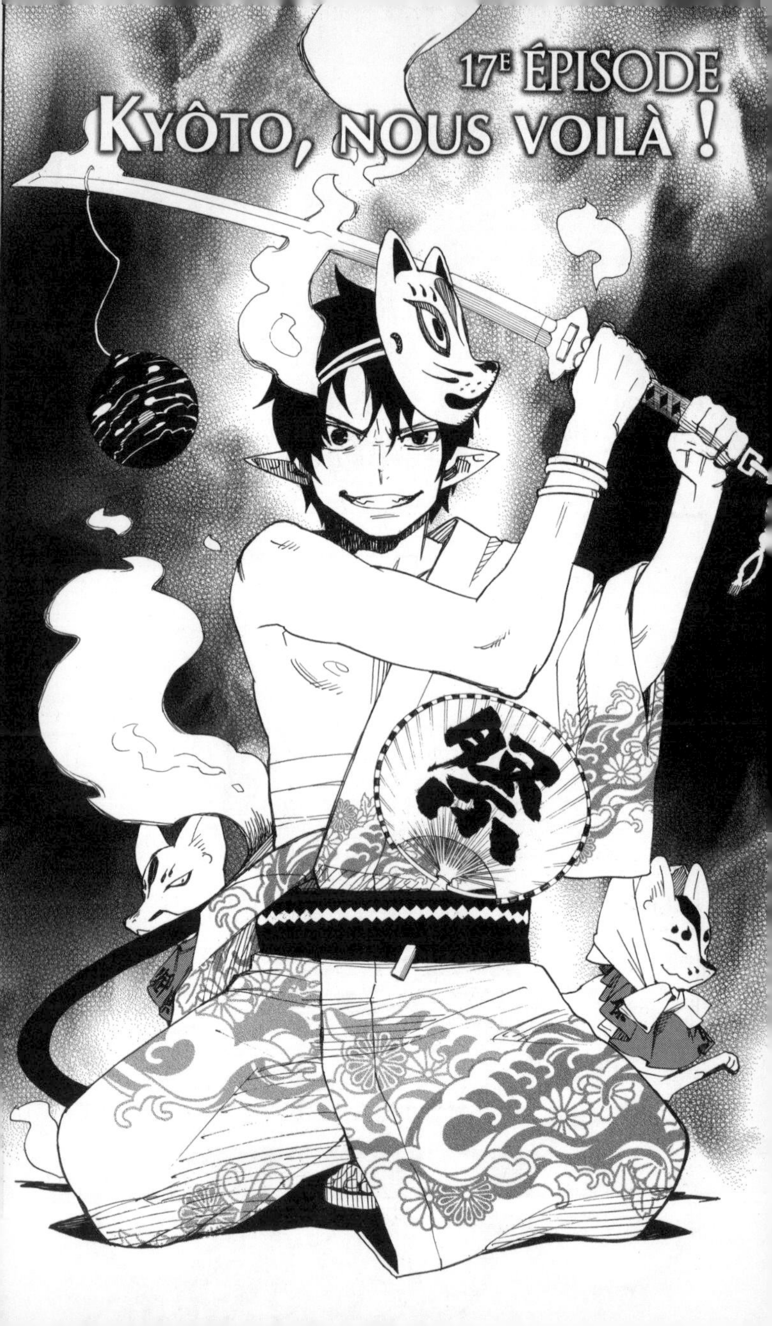
17E ÉPISODE
KYÔTO, NOUS VOILÀ !
祭

MOUAIS, ALLÔ ?

SHURA ? TOUT SE PASSE BIEN ?

TU AS ÉTÉ NOMMÉE RESPONSABLE DU GROUPE DE RENFORT ASSIGNÉ À LA PROTECTION DE L'ŒIL DROIT, IL ME SEMBLE.

PRENDS UN PEU SUR TOI.

À PART QUE ÇA ME FLANQUE DES HAUT-LE-CŒUR DE ME LEVER SI TÔT, OUAIS...

OUAIS, BEN MOI, JE JUGE QUE J'AI LA GERBE QUAND JE DOIS BOUGER SI TÔT LE MATIN !

ET TON ÉQUIPE À TOI, COMMENT ÇA SE PRÉSENTE ?

IL A SURTOUT JUGÉ QUE TU EN ÉTAIS À LA HAUTEUR.

L'AUTRE AN-DOUILLE À POIS ROSES A FAIT EXPRÈS DE ME COLLER ÇA POUR M'EMBÊTER...

OUAIS, MAIS BON, C'EST PAS FAUTE D'AVOIR ESSAYÉ DE REFUSER...

LES WAGONS 3 ET 4 NOUS SONT ENTIÈREMENT RÉSERVÉS.

MAIS ON N'EST PAS LÀ POUR RIGOLER ! ALLEZ, GRIMPE !

JE SUPPOSE QUE TOUT LE MONDE DOIT DÉJÀ ÊTRE INSTALLÉ.

Y AURA UNE BANANE AU GOÛTER ?

DU COUP, C'EST MA TOUTE PREMIÈRE FOIS !

AU COLLÈGE, JE SUIS PAS ALLÉ AU VOYAGE DE CLASSE.

RAVIE DE VOIR QUE CETTE SORTIE T'ENTHOU-SIASME AUTANT.

MWAH HA HA !

PLOMBE PAS PLUS L'AMBIANCE...

ET ASSIEDS-TOI AU PREMIER RANG.

VAUT PEUT-ÊTRE MIEUX ALLER AU FOND, NON ?

JE ME METS OÙ, MOI ?

PSST

PSST

63

64

68

LE 22 JUILLET À 1H20 DU MATIN ...

UN INTRUS A DÉROBÉ "L'ŒIL GAUCHE DU FUJÔ-Ô" ...

SUR CE, JE PRIE M. SATÔ, DE NOTRE SERVICE DU RENSEIGNEMENT ...

DE NOUS FAIRE UN PETIT TOPO.

UNE PIÈCE DÉMONIAQUE EXTRÊMEMENT DANGEREUSE QUI ÉTAIT CONSERVÉE DANS "LES ENTRAILLES" DE L'ORDRE DE LA CROIX-VRAIE.

EUH, OUI, ... VOILÀ !

MAIS SES INTENTIONS ET L'IDENTITÉ DE SES COMPLICES NE SONT PAS ENCORE ÉTABLIES.

NOUS SAVONS QUE M. SABURÔTA TÔDÔ, EXORCISTE DE NIVEAU 2 ET DIRECTEUR DES "ENTRAILLES", EST IMPLIQUÉ DANS CE VOL ...

VOILÀ. ET AU MÊME MOMENT ...

ÉTAIENT EUX AUSSI VICTIMES D'UNE ATTAQUE.

À L'OUEST, "LES TRÉFONDS" DU SIÈGE DE KYÔTO ...

70

"L'ŒIL DROIT DU FUJÔ-Ô" !

L'ASSAUT A PU ÊTRE REPOUSSÉ, MAIS IL VISAIT ...

LE FUJÔ-Ô, "LE ROI IMMONDE", EST UN DÉMON SUPÉRIEUR ...

QUI A SÉVI À LA FIN DE L'ÉPOQUE D'EDO, EN L'AN 5 DE L'ÈRE ANSEI, TRÈS PRÉCISÉMENT, SOIT EN 1858.

IL EST RESPONSABLE DE TERRIBLES ÉPIDÉMIES ET D'UNE FIÈVRE CONTAGIEUSE QUI ONT FAIT PLUS DE 40 000 MORTS.

EXCUSEZ-MOI ! POUVEZ-VOUS NOUS EXPLIQUER CE QUE SONT CES "YEUX DU FUJÔ-Ô" ? NOUS N'AVONS PAS VU ÇA EN COURS !

EFFECTIVEMENT, CETTE ENTITÉ N'EST PAS CONSIDÉRÉE COMME MAJEURE.

POURTANT, CE QUE L'ON SAIT D'ELLE N'EST GUÈRE RASSURANT.

JE LAISSE LA PAROLE À UN SPÉCIALISTE EN DÉMONOLOGIE.

MONSIEUR ADACHI, SI VOUS VOULEZ BIEN ...

HEIN ?! EUH ...

CES DEUX GLOBES OCULAIRES DÉGAGENT DE PUISSANTS MIASMES.

IL S'AGIT DE CEUX DE LA CRÉATURE...

QUANT AUX YEUX EN QUESTION...

ILS REPRÉSENTENT DONC UN REDOUTABLE DANGER.

QUE LE MOINE FUKAKU A EXTRAITS DE LEURS ORBITES APRÈS L'AVOIR ABATTUE.

LE FUJÔ-Ô...

JE LES AI CHOPÉS!

IL VOULAIT SE LES METTRE EN PENDENTIFS POUR FRIMER, OU QUOI ?

LE PÈRE FU-KAKU ?

IL ÉTAIT PAS UN PEU TARÉ...

IL EST POSSIBLE QUE LA CELLULE DE KYÔTO SUBISSE UNE NOUVELLE ATTAQUE.

LES INTENTIONS PRÉCISES DE L'ENNEMI SONT INCONNUES, MAIS UNE CHOSE EST SÛRE...

NOUS NE DEVONS PAS RÉPÉTER L'ERREUR QUE NOUS AVONS COMMISE POUR LE GAUCHE.

C'EST DANS UN BUT FUNESTE QU'IL CHERCHE À RASSEMBLER CES "YEUX".

ET VOUS N'AVEZ PAS INTÉRÊT À ME RÉVEILLER !!!

LRR

ARGH ! LA TUEUSE !

...

PARCE QUE JE VOUS AI DIT DE VOUS SERRER LES COUDES !

MAINTENANT, VOUS ALLEZ VOUS TENIR TRANQUILLES JUSQU'À NOTRE ARRIVÉE !

POURQUOI EST-CE QU'ON ÉCOPE TOUS D'UNE PUNITION ?

ELLE AVAIT BIEN PRÉVU LE COUP, EN TOUT CAS ...

J'AI COMME UNE IMPRESSION DE DÉJÀ-VU, PAS VOUS ?

C'EST MARRANT ...

ON SE PASSERA DE TES COMMENTAIRES !

M...

TSS !

Y A PAS EU TELLEMENT DE PROGRÈS, HEIN.

HA HA HA...

LA DERNIÈRE FOIS QU'ON S'EST RETROUVÉS COMME ÇA, C'ÉTAIT AUSSI SUITE À UNE DISPUTE ENTRE RYÛJI ET IZUMO ...

...

LES SIÈGES SONT CARRÉMENT CARBONISÉS...

...

OÙ EST-IL PASSÉ ?!

OUI, ET LE BARYON A DISPARU !

AH OUAIS ? C'EST PAS CE QUI M'A SEMBLÉ...

IMBÉCILE !

QU'EST-CE QUI T'A PRIS DE ME GÊNER ?!

J'ME DÉBROUILLAIS TRÈS BIEN !!!

GRAP

TE FAIRE CONFIANCE ?

FAIS-MOI UN PEU CONFIANCE !

94

KYÔTO

コ"

WOON!

AH !

RRUAHAH

REGARDE, RIN ! C'EST LA TOUR DONT TU PARLAIS !

ELLE EN JETTE !

Kyoto Station

RRUAHAH

JR 京

AH ! VOUS ÊTES L'ÉQUIPE ENVOYÉE DE TOKYO ?

C'EST L'UNIFORME DE TOKYO.

ILS DOIVENT MOURIR DE CHAUD, DANS CES TENUES...

OH ! DES EXORCISTES !

18ᴱ ÉPISODE
DISCORDE

LA FAMILLE SUGURO

CE SOIR, C'EST PORC PANÉ

GRRR !

GRMPV

QUOI ?!
C'EST PAS
POSSIBLE...
VOUS ÊTES
VRAIMENT LA
MÈRE DE RYÛJI
?!

ÇA ALORS !
CE RYOKAN,
C'EST DONC
CHEZ LUI
?

MAIS
VOUS ÊTES
RAVIS-
SANTE !

C'EST
POURQUOI
J'AI REPRIS
LE RYOKAN
FAMILIAL.

C'EST BIEN
LE CAS, MAIS
LE TEMPLE NE
NOUS PERMET
PAS DE VIVRE.

MAIS...
JE CROYAIS
QUE C'ÉTAIT UN
VIEUX TEMPLE EN
DÉCRÉPITUDE,
CHEZ LUI
...

RAVISSANTE ?
MONSIEUR EST
CONNAISSEUR !

ME
CHERCHE
PAS,
KAMIKI !

MADAME
...

MOI QUI TE
PRENAIS POUR
UN FILS À
PAPA, EN FAIT
T'ES LE PETIT
BICHOUNET À
TA MAMAN
...

TROP BON

PFFUH
HU !

HAN,
HAN
...

À VRAI
DIRE, À MOINS
D'AVOIR
D'IMPORTANTS
...

REVENUS
TOURISTIQUES
OU DE NOMBREUX
FIDÈLES, LA PLUPART
DES TEMPLES NE
PEUVENT SUBSISTER
QUE GRÂCE À UNE
ACTIVITÉ ANNEXE.

NOUS ALLONS PARTIR SANS PLUS TARDER, VOIR SUR PLACE EN QUOI NOUS POUVONS NOUS RENDRE UTILES.

NOUS VENONS DE PRÉSENTER NOS HOMMAGES AU DIRECTEUR DU CENTRE.

JE VOUS EN PRIE. C'EST UN HONNEUR POUR NOUS D'ACCUEILLIR DES CHEVALIERS DE LA CROIX-VRAIE.

NOUS NOUS EN REMETTONS À VOS BONS SOINS POUR LA DURÉE DE NOTRE SÉJOUR.

UN MODESTE PRÉSENT DE TOKYO.

À PROPOS, JE...

AH !

MERCI BEAUCOUP.

ILS S'OCCUPE- RONT DES VICTIMES.

NOUS VOUS LAISSONS LA MOITIÉ DE NOS SOI- GNEURS.

KURO- TAMAGO

?!

PROFITEZ-EN POUR RENOUER AVEC VOS PROCHES.

OUI ...

SUGURO, MIWA ET SHIMA !

PUISQUE VOUS ÊTES DE RETOUR CHEZ VOUS ...

106

TIENS-TOI À CARREAU ! JE CROIS EN TOI ! ♡

AH ! ET AUSSI, RIN !

ENTENDU !

OK.

MORIYAMA, KAMIKI, TAKARA ET OKUMURA, VOUS RESTEZ POUR ÉPAULER M. YUNOKAWA AUPRÈS DES CONVALESCENTS.

GNAH ?! C'EST TOUT ?!

ÇA ENTRE DANS LE CADRE DE TON ENTRAÎNEMENT.

JE SAIS QU'ON VIENT TOUT JUSTE D'ARRIVER, MAIS JE COMPTE SUR VOUS POUR VOUS Y METTRE ET VOUS APPLIQUER !

AH OUAIS ?!

DÖ TA — STAP — SNIF — STAP — STAP — DÖ TA — DÖ TA

OÙ EST-CE QUE TU NOUS EMMÈNES ?

!

ET IL EST TOUT DE MÊME LE DIRECTEUR DES LIEUX, ALORS IL A DROIT À UNE CHAMBRE ISOLÉE.

IL A ÉTÉ SÉVÈREMENT TOUCHÉ...

MONSIEUR YAOZÔ, VOICI DE LA VISITE.

RYÛJI
!

GNN
!

OH
!

DIRECTEUR DE LA CELLULE KYÔTOÏTE
YAOZÔ SHIMA
EXORCISTE DE NIVEAU SUPÉRIEUR 1

RANG
BOUDDHIQUE :
SÔJÔ

KOF
!

YAOZÔ
...

GORF !
GORF
!

PAPA
!

D'APRÈS LES
MÉDECINS,
JE SERAI
SUR PIED
D'ICI DEUX
SEMAINES.

ÇA VA,
ÇA VA, JE
SUIS QUAND
MÊME PAS
À L'AGONIE.

CE N'EST
PAS LA PEINE
DE VOUS
REDRESSER,
RESTEZ
COUCHÉ.

VRAIMENT, À PART COURIR À DROITE ET À GAUCHE...

MAIS JE N'AI VRAIMENT RIEN FAIT DE SPÉCIAL...

MERCI !

ÇA FAIT MAL À CHAQUE FOIS QUE JE RESPIRE

TU FAIS DU BON TRAVAIL POUR VEILLER SUR RYÛJI, À CE QU'ON DIRAIT.

MOI AUSSI, P'PA, J'FAIS DU BON TRAVAIL. MÊME QUE J'AI EU UNE CÔTE PÉTÉE.

CONTINUE À T'APPLIQUER COMME ÇA.

M'ENFIN ! JE FAIS CE QUE J'AI À FAIRE, ÇA A RIEN À VOIR !

JE NE T'AI PAS CONFIÉ MON SHAKUJÔ* POUR QUE TU TE LIVRES À DES FANTAISIES CAPILLAIRES !

GRAAH !

GNÊÊ ?!

TOI, TOUT CE QUE T'AS RÉUSSI À FAIRE, C'EST TE TEINDRE LA TÊTE EN ROSE !

BÂTON EN ÉTAIN DES MOINES ZEN.

ET MON PÈRE ?

AÏEUH...

LAISSE TOMBER, KONEKO. TU M'AIDES PAS, LÀ !

C'EST VRAI, RENZÔ COURT BEAUCOUP À DROITE ET À GAUCHE, LUI AUSSI.

GAGEONS QU'IL SE REND AU TEMPLE TOUS LES JOURS, MAIS À PART ÇA ...

DIFFICILE À DIRE.

ÇA ...

ET IL EST OÙ, LÀ ?

COMME IL N'A PAS DE TÉLÉPHONE SUR LUI ...

CE CRÂNE D'ŒUF ET MOI ...

'FAUT IMPÉRATIVEMENT QU'ON CAUSE !

ET ENCORE QUINZE AUTRES PERSONNES SONT INSTAL-LÉES DANS UNE DÉPENDANCE.

OUH LÀ... ÇA EN FAIT DU MONDE !

CEUX QUI SONT SOIGNÉS ICI N'ONT ÉTÉ QUE LÉGÈREMENT TOUCHÉS PAR LES MIASMES MALÉFIQUES.

ET JE CRÉE DES ENNUIS À TOUT LE MONDE.

CES DERNIERS TEMPS, JE NE COMMETS QUE DES BOURDES...

DANS UN PREMIER TEMPS...

BON...

SHHuP

VOILÀ L'OCCASION DE REDRESSER UN PEU LA BARRE !

VOUS ALLEZ VOUS RENDRE EN CUISINE POUR AIDER À LA PRÉPARATION DES INFUSIONS MÉDI-CINALES, PUIS VOUS LES PORTEREZ AUX PATIENTS.

OUI, MONSIEUR !

VEILLEZ AUSSI AUX PERFUSIONS. VOUS TROUVEREZ DES ÉTUIS DANS CES BOÎTES POUR LES RENOUVELER SI NÉCESSAIRE.

応障薬輸液
5号 500ml

応障薬輸液
5号 500ml

応障薬輸液

HMM... PRÉVU, NON, PAS VRAIMENT...

MAIS ON VA TROU-VER...

AH BON ? Y A AUTRE CHOSE DE PRÉVU POUR MOI ?

IL TE TIENT PAS CHAUD, LE MATOU ?

HEP HEP HEP !

PAS TOI, OKUMURA !

À PEINE QUELQUES POILS...

Y A PAS TELLEMENT DE POUS-SIÈRE, ICI...

DU RAMASSAGE DE QUOI ?

PAR EXEMPLE, T'AS QU'À FAIRE DU RAMASSAGE.

BEN, DE TRUCS PAR TERRE, GENRE POUSSIÈRE...

OH ! RIN ! J'EN AI TROUVÉ UN !

114

TIENS DONC !

ALORS C'EST TOI ...

?

ET VOUS, AU FAIT, VOUS ÊTES QUI ?

OH ... MOI ?

JE SUIS LE PAPA DE RYÛJI SUGURO.

118

AH BON...

PAS VRAIMENT, NON... RYÛJI PRÉSENTE CARRÉMENT MIEUX.

GWAH HA HA !

MAIS OUI, SÉRIEUX !

TU N'AVAIS PAS NOTÉ LA RESSEMBLANCE ?

HEIN ?! SÉRIEUX ?!

OH ?!

DISONS QU'ON EST UN PEU BROUILLÉS, EN CE MOMENT...

...

ET... TU T'ENTENDS BIEN AVEC LUI, AU MOINS ?

AH OUAIS ?

HA HA HA !

ON EST DEUX, ALORS !

POUR TOUT TE DIRE, MOI AUSSI, JE SUIS EN FROID AVEC LUI !

BEN DIS DONC... MOI QUI VOYAIS KYÔTO COMME UN HAUT LIEU DU RAFFINEMENT ...

BWAHA ! FONDAMENTAL, HEIN ?! VAS-Y, EXPOSE-MOI LE SOUCI, JE T'ÉCOUTE !

TU RIGOLES !

ON TE PARLE D'UN PROBLÈME BIEN PLUS FONDAMENTAL !

PASTÈQUE~

WOW ! C'EST LE COMBLE DU RAFFINEMENT, ICI !

SHFFF SHFFF

SHFFF SHFFF

KYÔTO, C'EST QUAND MÊME AUTRE CHOSE !

SIÈGE DE LA CELLULE KYÔTOÏTE

132

ET ICI, AVEZ-VOUS PU ÉTABLIR COMMENT C'EST ARRIVÉ ?

CHEZ NOUS, IL S'EST AVÉRÉ QUE LE CRIMINEL ÉTAIT MEMBRE DU SERVICE.

ET POURTANT, ÇA N'A PAS ÉTÉ SUFFISANT POUR EMPÊCHER LE CAMBRIOLEUR DE PASSER.

MAIS MON HYPOTHÈSE EST QUE LES BROUILLES DE LA SECTE MYÔDA ONT QUELQUE CHOSE À VOIR AVEC LA SITUATION ACTUELLE.

L'ENQUÊTE AVANCE TRÈS DIFFICILEMENT, DU FAIT DE LA CONTA-MINATION PAR DES MIASMES MALÉFIQUES DE L'ENSEMBLE DU PERSONNEL IMPLIQUÉ DANS L'AFFAIRE.

CETTE SECTE SE DISTINGUE DES AUTRES ÉCOLES DU BOUDDHISME ...

TOUT À FAIT.

PAR LA DOCTRINE TRÈS PARTICULIÈRE À LAQUELLE ELLE EST ATTACHÉE.

LA SECTE MYÔDA, VOUS DITES ?

SAUF ERREUR, ELLE A INTÉGRÉ L'ORDRE DES CHEVALIERS DE LA CROIX-VRAIE IL Y A DIX ANS, N'EST-CE PAS ?

ELLE NE SE CONTENTE PAS DE PRÊCHER LES ENSEIGNEMENTS DE BOUDDHA.

TOUS SES ADEPTES SONT DES EXORCISTES ENDURCIS.

PRÈS DE LA MOITIÉ DES COMBATTANTS DE LA CELLULE KYÔTOÏTE EN SONT ISSUS.

QUELQUE CHOSE QU'ILS TIENNENT BEAUCOUP À PRÉSERVER.

LE SANG DES GUERRIERS, EN QUELQUE SORTE...

LA HIÉRARCHIE AU SEIN DE CETTE SECTE REPOSE SUR L'HÉRÉDITÉ.

Zasu
Sôjô
Sôzu
I-risshi
Risshi
Shugyô hôshi-i

MAIS ILS CONTINUENT NÉANMOINS À PRIVILÉGIER LES LIENS DE FILIATION.

LEUR TEMPLE PRINCIPAL FUT DÉTRUIT LORS DE LA NUIT BLEUE...

SI BIEN QUE LEURS RANGS SE SONT BIEN ÉCLAIRCIS DEPUIS.

LEUR CHEF EST
...

LE SUPÉRIEUR TATSUMA SUGURO, DESCENDANT DIRECT DU ZASU*.

MOINE PRINCIPAL.

D'UN POINT DE VUE THÉORIQUE, TOUS LES ADEPTES DE LA SECTE SONT SES DISCIPLES
...

MAIS DANS LES FAITS, IL NE PRÊCHE PAS L'ENSEI-GNEMENT DE BOUDDHA, PAS PLUS QU'IL NE PREND PART AUX ACTIVITÉS DE L'ORDRE DES CHEVALIERS. IL DILAPIDE JUSTE LES REVENUS DE SON ÉPOUSE...

C'EST UN BONZE IMBIBÉ D'ALCOOL QUI N'A DE SUPÉRIEUR QUE LE NOM.

136

140

VOTRE ATTITUDE
EST ABSOLUMENT
INQUALIFIABLE,
VOUS DEUX
!

J'AI CRU
COMPRENDRE
QUE C'EST
TOI QUI AVAIS
DÉCLENCHÉ
CETTE DISPUTE
!

MAMUSHI
!

C'EST
DE COHÉSION
QUE LE GROUPE
A BESOIN, EN
PARTICULIER
EN CE MOMENT
!

M...
MAIS
PÈRE
!

C'EST LUI
QUI A VOULU
SE BATTRE
LE PREMIER
...

GNUP

GNARF
!

DIRECTEUR DES "TRÉFONDS"
UWABAMI HÔJÔ
EXORCISTE DE NIVEAU SUPÉRIEUR !

RANG
BOUDDHIQUE :
SÔJÔ

BONNE SOIRÉE.

TRÈS BIEN...

AH !

LA BOUFFE ! HOURRA !

...

TENEZ, PRENEZ CES BENTÔ POUR DÎNER.

JE VOUS AI MIS DES JUS DE FRUIT EN PRIME.

'TAIN, CE QUE TU PEUX ÊTRE LUGUBRE... C'EST PARCE QUE T'AS LA DALLE, CHUIS SÛR ! ALLEZ, TIENS ! FAIS PAS TON GORILLE !

...

TON BENTÔ !

HÉ ! RYÛJI !

JE L'AI MIS EN COLÈRE...

URGH...

ZUT-

!

ON... ON MANGE ENSEMBLE, KONEKOMARU ?

LÂCHE-MOI LA GRAPPE !

ARGH... IL RESTE QUE MOI !

PFFF !

OK... JE COMPRENDS.

N... NON ...

JE VAIS PASSER VOIR MA FAMILLE ...

MOI AUSSI, J'VAIS ...

BON, BEN ...

J'TE COUPE L'APPÉTIT, À TOI AUSSI ?

C'EST QUOI, LE PROBLÈME ?

WOTH

GNÈÈÈH ?!

?!

EUH ...

...

PFFFRT !

REJETÉE.

ADMETS PLUTÔT ...

L'IMPLA-CABLE VÉRITÉ.

OBJEC-TION !

?!

HA HA HA !

ME VOILÀ EN TRAIN DE TAPER LA DISCUTE AVEC TOI COMME SI DE RIEN N'ÉTAIT !

N'IMPORTE QUOI... MWAH HA HA HA !

MOI QUI VOULAIS ME TENIR À L'ÉCART ...

OUAIS, C'EST PLUS SAGE.

Y A DES TRUCS QU'ON PEUT PAS ALLER CONTRE.

FAUT ÊTRE RÉALISTE, T'AS RAISON. RESTER À L'ÉCART DE TOI, C'EST JUSTE IMPOSSIBLE.

ALLEZ, JE LAISSE TOMBER !

JE LE NOTE.

HA HA HA ...

MWAH HA HA !

VAUT MIEUX EN RIRE, TIENS.

ILS SONT TROP SÉRIEUX.

RYÛJI ET KONEKO, ILS ONT LE MÊME PROBLÈME.

TU VEUX PAS ARRÊTER AVEC ÇA ?!

ALORS QUE TOI, T'ES TROP RINGARD.

RYÛJI !

PSH

BEN
...

SANS VOUS, ÇA AURAIT VITE DÉGÉNÉRÉ.

MERCI D'ÊTRE INTERVENU TOUT À L'HEURE POUR CALMER LES ESPRITS ÉCHAUFFÉS.

UWABAMI !

PAS DE QUOI.

JE SUIS HEUREUX DE VOUS REVOIR !

?

SNIF

IL FAUT QUE JE VOUS PARLE.

CELA ÉTANT DIT ...

SAVEZ-VOUS QUE DANS L'AFFAIRE QUI NOUS PRÉOCCUPE ACTUELLEMENT ...

LES SOUPÇONS SE PORTENT SUR LES MEMBRES DE LA SECTE MYÔDA ?

NOUS AVONS DONC CONVENU DE RASSEMBLER TOUT LE MONDE...

QUOI ?

DANS LE CADRE D'UNE GRANDE RÉUNION INTERNE.

NON.

MAIS LE DIRECTEUR LUI-MÊME COMPTE PARMI LES SUSPECTS. NOUS DEVONS AGIR.

A... ATTENDEZ...

ÇA CONCERNE QUELQU'UN EN PARTICULIER ?

...

CELA PERMETTRA PEUT-ÊTRE DE PORTER CERTAINS ÉLÉMENTS À LA LUMIÈRE.

TU VAS DEVENIR UN EXORCISTE, TOI AUSSI ?!

...

J'AI APPRIS, POUR L'ORDRE DES CHEVALIERS DE LA CROIX-VRAIE !

P'PA !

UNE FOIS QUE LA SECTE AURA INTÉGRÉ L'ORDRE ...

C'EST YAOZÔ ET UWABAMI QUI S'OCCUPERONT DE TOUT.

AH BON ?

OH NON ...

ALLEZ ...

J'AI À FAIRE, JE TE LAISSE.

TU N'AS PLUS À TE SOUCIER DE RIEN, MON GARÇON.

LES ADEPTES SERONT PLUS RASSURÉS COMME ÇA.

HA HA HA !

OUARK !

ÇA CRAINT UN PEU, CETTE HISTOIRE ...

BON ...

QU'EST-CE QUE JE VAIS BOIRE, MOI ?

JE LEUR AI FILÉ LES COCKTAILS AU LIEU DES JUS DE FRUIT ...

LE VÉHICULE SSS'EST IMMOBILISÉ, SSSH ...

NOUS SSSOMMES PRÈSSH ...

TOUT PRÈSSSH ...

EN CE QUI ME CONCERNE, JE SUIS PARÉ.

QU'EN EST-IL DE L'ŒIL DROIT ?

JE CONTEMPLE LE CIEL NOCTURNE DU HAUT DE LA TOUR DE KYÔTO.

IL VAUDRAIT MIEUX PASSER À L'ACTION AVANT D'ÊTRE REPÉRÉS. AUTREMENT, C'EST FICHU.

CETTE OPÉRATION N'A DE SENS QUE SI LES DEUX YEUX SONT RÉUNIS.

BLUE EXORCIST 5 FIN

SABRES DÉMONIAQUES

FICHE 18

Sabres envoûtés par des démons. À la différence d'armes ordinaires, ils sont dotés de pouvoirs spéciaux, et ne sont donc à mettre entre les mains que de personnes averties, sous peine d'être frappé d'une malédiction. Leurs détenteurs doivent signer un pacte pour s'unir à eux, de la même manière qu'à un démon familier.

ŒIL GAUCHE DU FUJÔ-Ô

FICHE 19

Entité affiliée à Astaroth, "le roi putride". Provenant d'un démon nommé Fujô-ô, "le roi immonde", qui a commis des ravages dans le Japon du XIXᵉ siècle. Classée "pièce démoniaque extrêmement dangereuse", elle était soigneusement conservée dans "les Entrailles" du siège japonais de l'Ordre des Chevaliers de la Croix-Vraie.

ŒIL DROIT DU FUJÔ-Ô

FICHE 20

Entité affiliée à Astaroth, "le roi putride". Provenant d'un démon nommé Fujô-ô, "le roi immonde", qui a commis des ravages dans le Japon du XIXᵉ siècle. Classée "pièce démoniaque extrêmement dangereuse", elle est soigneusement conservée dans "les Tréfonds" de la cellule Kyôtoïte de l'Ordre des Chevaliers de la Croix-Vraie.

BESTIAIRE DÉMONIAQUE

CHÓNG ZHÌ

RANG INFÉRIEUR

Serviteurs de Belzébuth, "roi des mouches". Ils prennent possession d'insectes de petite taille et s'attaquent en groupe à des animaux dont ils sucent le sang ou dévorent la chair.

FICHE 15

PEG LANTERN

RANG INFÉRIEUR À MOYEN

Serviteur d'Iblis, "roi du feu". Il prend possession des luminaires fabriqués par l'Homme et s'anime lorsqu'ils sont allumés. Il en existe un grand nombre de variétés à travers le monde.

FICHE 16

NÂGA

RANG INFÉRIEUR À MOYEN

Démons affiliés à Amaimon, "roi de la terre". Ils prennent possession des ophidiens. Il en existe de toutes sortes à travers le monde, souvent de nature très nuisible, mais au Japon, ils sont considérés comme des divinités bénéfiques pour l'homme et vénérés. Les spécimens qui vivent le plus longtemps deviennent des souverains et sont alors nommés Nâgajara.

FICHE 17

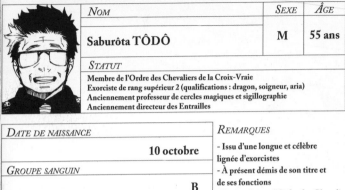

		SEXE	ÂGE
NOM		M	55 ans
Saburôta TÔDÔ			

STATUT

Membre de l'Ordre des Chevaliers de la Croix-Vraie
Exorciste de rang supérieur 2 (qualifications : dragon, soigneur, aria)
Anciennement professeur de cercles magiques et sigillographie
Anciennement directeur des Entrailles

DATE DE NAISSANCE

10 octobre

GROUPE SANGUIN

B

TAILLE

1 M 70

POIDS

71 KG

HOBBIES

**Déguster des nouilles soba
avec une coupe de saké**

TEMPS DE BAIN QUOTIDIEN MOYEN

3 heures

EXPRESSION PRÉFÉRÉE

Ce long chemin droit et solitaire

GENRES DE MUSIQUE FAVORIS (plusieurs choix possibles)

Rock Pop R&B Hip Hop
Variété occidentale Variété japonaise Jazz Animé
Bandes Originales de films Autre (Aucun   )

COMMENT OCCUPEZ-VOUS VOS JOURS DE REPOS

En dégustant des soba et du saké

REMARQUES

- Issu d'une longue et célèbre lignée d'exorcistes
- À présent démis de son titre et de ses fonctions
- Recherché par l'Ordre des Chevaliers

BLUE EXORCIST

NOM	SEXE	ÂGE
Mamushi HÔJÔ	**F**	**24 ans**

STATUT

Membre de l'Ordre des Chevaliers de la Croix-Vraie
Exorciste bouddhiste de rang moyen 1 (qualifications : paladin, aria)
Cellule Kyôtoïte   Capitaine de la 1ʳᵉ garde du Tréfonds

DATE DE NAISSANCE

4 juin

GROUPE SANGUIN

A

TAILLE

1 M 64

POIDS

48 KG

HOBBIES

**Dresser des nâgas,
s'occuper d'eux, les nourrir**

TEMPS DE BAIN QUOTIDIEN MOYEN

1 heure

EXPRESSION PRÉFÉRÉE

Pluie

GENRES DE MUSIQUE FAVORIS (plusieurs choix possibles)

Rock   Pop   R&B   Hip Hop
Variété occidentale   Variété japonaise   Jazz   Animé
Bandes Originales de films   Autre (N'écoute pas de musique)

COMMENT OCCUPEZ-VOUS VOS JOURS DE REPOS

**En regardant la pluie
tomber depuis ma fenêtre**

REMARQUES

- Fille aînée de la famille Hôjô
- Passionnée par les nâgas
- Les nâgas l'adorent aussi, ce qui lui vaut d'avoir très peu d'amis

NOM	*SEXE*	*ÂGE*
Kinzô SHIMA	**M**	**20 ans**

STATUT

Membre de l'Ordre des Chevaliers de la Croix-Vraie
Exorciste bouddhiste de rang moyen 2 (qualifications : paladin, aria)
Cellule Kyôtoïte   Capitaine de la 2ᵉ brigade d'exorcistes

DATE DE NAISSANCE

17 novembre

GROUPE SANGUIN

O

TAILLE

1 M 75

POIDS

60 KG

HOBBIES

Joue dans un groupe / tsugaru shamisen

TEMPS DE BAIN QUOTIDIEN MOYEN

15 ~~heures~~ minutes

EXPRESSION PRÉFÉRÉE

PACE (Faute → PEACE "paix")

GENRES DE MUSIQUE FAVORIS (plusieurs choix possibles)

Rock Pop R&B Hip Hop
Variété occidentale Variété japonaise Jazz Animé
Bandes Originales de films Autre (Écoute de tout   )

COMMENT OCCUPEZ-VOUS VOS JOURS DE REPOS

Répétitions avec le groupe ou concerts

REMARQUES

- Quatrième fils de la famille Shima
- Très attaché à sa famille, mais se dispute souvent avec son cadet Renzô
- Cheveux blonds
- Chanteur dans un groupe

BLUE EXORCIST

NOM	SEXE	ÂGE
Jûzô SHIMA	M	25 ans

STATUT

Membre de l'Ordre des Chevaliers de la Croix-Vraie
Exorciste bouddhiste de rang supérieur 2 (qualifications : paladin, aria)
Cellule Kyôtoïte   Capitaine de la 1ʳᵉ brigade d'exorcistes

DATE DE NAISSANCE

5 février

GROUPE SANGUIN

O

TAILLE

1 M 78

POIDS

70 KG

HOBBIES

Randonnée / Varappe

TEMPS DE BAIN QUOTIDIEN MOYEN

30 ~~heures~~ minutes

EXPRESSION PRÉFÉRÉE

L'eau qui goutte finit par briser la roche

GENRES DE MUSIQUE FAVORIS (plusieurs choix possibles)

Rock Pop R&B Hip Hop
Variété occidentale Variété japonaise Jazz Animé
Bandes Originales de films Autre (Le groupe de Kinzô)

COMMENT OCCUPEZ-VOUS VOS JOURS DE REPOS

Randonnée, varappe,
pèlerinage en montagne

REMARQUES

- Fils cadet de la famille Shima
- Nerveux et emporté
- Très à l'aise avec les enfants
- Grand succès auprès de la gent féminine

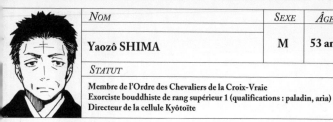

NOM	SEXE	ÂGE
Yaozô SHIMA	M	53 ans

STATUT

Membre de l'Ordre des Chevaliers de la Croix-Vraie
Exorciste bouddhiste de rang supérieur 1 (qualifications : paladin, aria)
Directeur de la cellule Kyôtoïte

DATE DE NAISSANCE

10 août

GROUPE SANGUIN

A

TAILLE

1 M 77

POIDS

62 KG

HOBBIES

Shôgi / Potager

TEMPS DE BAIN QUOTIDIEN MOYEN

10 ~~heures~~ minutes

EXPRESSION PRÉFÉRÉE

Merci

GENRES DE MUSIQUE FAVORIS (plusieurs choix possibles)

Rock   Pop   R&B   Hip Hop
Variété occidentale   Variété japonaise   Jazz   Animé
Bandes Originales de films   Autre (Enka*   )

COMMENT OCCUPEZ-VOUS VOS JOURS DE REPOS

En m'occupant du potager,
et en jouant tranquillement au shôgi

REMARQUES

- Père de cinq garçons et trois filles
- Intransigeant, plutôt rigide,
on le voit rarement sourire
- Ne la ramène pas devant sa femme

* STYLE DE CHANT POPULAIRE.

BONUS

BLUE EXORCIST ✤ SUPPLÉMENTS

BLUE EXORCIST

LE STAFF PRINCIPAL

LE TRUC, C'EST QUE TES DESSINS SONT PAS SENSUELS POUR UN SOU ! — **SHIBUTAMA**

J'AI DÉGOMMÉ UN ESSAIM TOUT SEUL COMME UN GRAND ! — **UEMURA-SAN**

L'IMPORTANT, C'EST DE SAVOIR SE GÉRER. — **TAE-CHIN**

PFFF... HAA HAA HAA... — **KIMURA-KUN**

J'AI APPELÉ UNE AMBULANCE. — **HAYASHI-KUN**

VOUI ? — **KAWAMURA-SAN**

DU BOULOT, PLIIIZ ! — **MINÔRU**

RESPONSABLE ÉDITORIAL

UNE SEMAINE QUE JE TRAÎNE CE MAL DE GORGE. — **SHIHEI RIN**

ÉDITION DU VOLUME

SI VOUS POUVIEZ TENIR LES DÉLAIS... — **RYÛSUKE KUROKI**

DESIGN DE LA JAQUETTE

TOUJOURS PAS REN-CONTRÉ ! — **HIDEAKI SHIMADA**

ENCHANTÉ ! — **MASAAKI TSUNODA (L.S.D.)**

LA MANGAKA

WOUÂM ! WOUÂÂM ! — **KAZUE KATO**

(NOMS DANS LE DÉSORDRE)
(DÉSOLÉE, LES CARICATURES NE SONT PAS TRÈS RESSEMBLANTES !)

RENDEZ-VOUS POUR LE TOME 6 !

AO NO EXORCIST
© 2009 by Kazue Kato
All rights reserved.
First published in Japan in 2009
by SHUEISHA Inc., Tokyo.
French translation rights in France and
French-speaking Belgium, Luxembourg,
Switzerland and Canada arranged
by SHUEISHA Inc.

French edition in 2011 by KAZÉ
ADRESSE 45, rue de Tocqueville 75017 Paris
SITE INTERNET www.kaze-manga.fr
DIRECTION ÉDITORIALE Raphaël Pennes
TRADUIT DU JAPONAIS PAR Sylvain Chollet
SUPERVISION ÉDITORIALE Zoé Sofer
SUPERVISION GRAPHIQUE Saloua Okbani
LETTRAGE & MAQUETTE Digital Manga
& Paolo Gattone, Chiara Antonelli,
Andrea Antonelli
DESIGN Clémence Perrot

Achevé d'imprimer en CE
en janvier 2012
Dépôt légal : février 2012